JIM DAVIS

FAIT FEU DE TOUT BOIS

Traduction de Anthéa Shackleton

DARGAUD

EDITEUR

PARIS·BARCELONE·BRUXELLES·LAUSANNE·LONDRES·NEW YORK·STUTTGART

© 1993 United Feature Syndicate, Inc.

Tous droits réservés
Strips Garfield © 1990 United Feature Syndicate

Dépôt légal Juillet 1994
ISBN 2-205-04214-9
ISSN 0758-5136

Publié par DARGAUD ÉDITEUR

Imprimé en France en Juillet 1994 par Clerc S.A. - 18200 Saint-Amand-Montrond
Printed in France

GARFIELD, LA VIE EST UNE FÊTE FORAINE !

FAUT SORTIR... EN PROFITER !

C'EST CE QUE DISAIT TOU-JOURS TONTON GEORGES.

TU NE BOUGES PAS ?

IL EST TOM-BÉ DU SOM-MET DES MONTAGNES RUSSES.

JIM DAVIS 3-5

QUELLE BELLE JOURNÉE !

UNE JOURNÉE QUI TE DIT "SORS, PROFITES-EN" !

JE PRÉFÈRE LES JOURNÉES QUI ME DISENT, "RESTE AU CHAUD DEVANT LA TÉLÉ, MANGE ET REPOSE-TOI".

JIM DAVIS 5-6

JE DÉPRIME, GARFIELD...

TU SAIS CE QUE JE FAIS QUAND JE DÉPRIME ?

JE JOUE DU TAMTAM !

À MOI DE DÉPRIMER !

JIM DAVIS 3-7

POUR MOI, IL N'Y A QUE DEUX CHOSES QUI COMPTENT...

J'AIME MON NOUNOURS ET MON NOUNOURS M'AIME.

LES VÉRITÉS SIMPLES SONT LES PLUS PROFONDES.

JIM DAVIS

2-19

ALLEZ, POOKIE...

TIENS BON !

SNIF... QU'EST-CE QUE ÇA GRANDIT VITE !

TU VIENS COU-RIR UN PEU ? J'SUIS OCCUPÉ.

GARFIELD, J'AI VRAIMENT L'IM-PRESSION D'ÊTRE LA CINQUIÈME ROUE DU CARROSSE.

N'ÉCOUTE PAS CE VIEUX MACHIN, POOKIE.

POOKIE A PRIS UN BAIN ? COMMENT T'AS DEVINÉ ?!

CA T'A PEUT-ÊTRE ÉCHAPPÉ, MAIS JE VIENS DE TRAVAILLER POUR TOI.

BRAVO

CLAP CLAP CLAP

ODIE ET MOI ALLONS JOUER SUR LE TOIT.

DES PATINS À ROULETTES ?!

TOUS AUX ABRIS !

JE VAIS RENVERSER LES RÔLES... MOI, JE VAIS VOLER SON DÎNER !

J'AI LA GAMELLE DE GARFIELD ! J'AI LA GAMELLE DE GARFIELD !

ON NE POURRAIT PAS MANGER EN PAIX ?!

TU N'AS JAMAIS REMARQUÉ COMME LES AUTRES CHATS GAMBADENT, GARFIELD ?

TOI, TU NE GAMBADES JAMAIS.

TU... TU ONDULES.

J'AI LES CHEVILLES QUI ENFLENT.

J'AI ALLONGÉ MON NOM.

ET JE PENSE QUE ÇA VA ME SERVIR !

ON S'EST AJOUTÉ UNE PARTICULE, HEIN ?

LE PLEIN, S'IL TE PLAÎT !

GARFIELD DE LA PANSE DE GREFFIER

ALLEZ, ON VA AU LAC, GARFIELD...

IL N'Y A PAS LE FEU !

ON VA RAMER !

ON ?!

PÊCHER !

VAS-Y... JE VAIS METTRE LA TABLE.

BEURK ! UNE ARAIGÉE !

CETTE BOMBE D'INSECTICIDE FERA L'AFFAIRE.

KRONG KRONG KRONG

TU TE RENDS COMPTE, GARFIELD... JE SUIS TON MEILLEUR AMI !

PAS VRAI !

ON A VIRÉ LE LIVREUR DE PIZZAS ?

REGARDE, GARFIELD... J'AI FAIT FAIRE MON PORTRAIT.

J'VAIS CHERCHER LES FLÉCHETTES

EST-CE QUE JE LUI DIS QU'IL A UNE ARAIGNÉE SUR SON PANTALON.

EST-CE QUE JE LUI DIS QU'IL A UNE ARAIGNÉE SUR SA CHEMISE.

YAAAAAAH!

VOILÀ UNE CRISE DE CONSCIENCE ÉVITÉE DE JUSTESSE.

OUF! J'AI **TROP** MANGÉ... TU VOIS CE QUE JE VEUX DIRE?

ENFIN, NON... TU NE PEUX PAS VOIR.

TU NE LÈCHES PAS L'ASSIETTE?

FASCINANT.

TU SAIS, GARFIELD, LES GENS DEVRAIENT LIRE BEAUCOUP PLUS.

6

J'EN ÉTAIS SÛR.

ÇA NE TE SUFFIT PAS, GARFIELD ?

JE M'EN OCCUPE.

© 1990 United Feature Syndicate, Inc.

4·13

GARFIELD, CE RÉGIME EST VRAIMENT TRÈS ÉQUILIBRÉ.

IL NE LUI MANQUE QU'UNE CHOSE ...

DE QUOI SE NOURRIR.

EXACT.

GARFIELD VA ADORER CE TABLIER !

UN BISOU POUR LE CUISTOT

OH, GARFIELD !

UN BISOU POUR LE CUISTOT

LAISSE TOMBER.

PLAÎT-IL ?

DU PÂTÉ POUR LE CHAT

BONJOUR, GARFIELD.

BONJOUR !!

FAUDRAIT RÉDUIRE TA DOSE.

VOLONTIERS ! J'EN PRENDRAI BIEN UNE 11ème TASSE !

JIM DAVIS 4·17

10

PAUVRE JON...

IL ESPÉRAIT GAGNER LE MARATHON

MAIS IL EST TOMBÉ DANS LES POMMES EN LAÇANT SES TENNIS...

JIM DAVIS 4-18

J'AI MIS GARFIELD DEHORS POUR LA JOURNÉE...

COMME ÇA, IL PENSERA MOINS À SE GOINFRER.

UN CAMION PLEIN DE TARTELETTES A PERDU SON CHARGEMENT!

BIEN SÛR.

J'AIME RECEVOIR DU COURRIER, GARFIELD...

JIM DAVIS 5-9

C'EST BON DE SAVOIR QUE QUELQU'UN PENSE À TOI...

CHÈRE TÊTE DE PIOCHE, ENVOIE-MOI LE CHÈQUE ILLICO OU JE TE ZIGOUILLE.

C'EST TON FRÈRE! COMME C'EST GENTIL!

BONSOIR, MONSIEUR!

JIM DAVIS 5-10

POUR VOUS FAIRE PLAISIR, J'AI PRÉPARÉ LE DÎNER...

ET POUR VOUS ÉPARGNER UNE INDIGESTION, JE L'AI MANGÉ.

13

VIVEMENT L' HIVER.

QUE VOIS-JE... UN VISAGE TRISTE !

BANANAMAN EST LÀ !

PSCHT PSCHT

SNIF SNIF

BON... POURQUOI Y-A-T'IL DE LA VINAIGRETTE DANS LE VAPORISATEUR ?

LA MAYONNAISE ÉTAIT TROP ÉPAISSE

ON VA VOIR LEQUEL DES DEUX PEUT GARDER LE PLUS LONGTEMPS LES YEUX FERMÉS !

C' EST AMUSANT, NON ?

ET COMMENT !

16

17

18

LES CHATS SONT TELLEMENT BADINS, IL EST IMPOSSIBLE DE NE PAS S'AMUSER AVEC EUX...

ALLEZ, GARFIELD... ON JOUE UN PEU ?

TU AS PRIS RENDEZ-VOUS ?

JE L'AVOUE !

J'AVAIS L'INTENTION DE VOLER TA BARRE DE CHOCOLAT !

OUF... J'AI LA CONSCIENCE TRANQUILLE.

IL FAUT BEAUCOUP DE PATIENCE POUR ATTRAPER DES OISEAUX...

EUH... GARFIELD ?

CHUT !

BAS LES PATTES !

BAS LES PATTES !

TU RABÂCHES.

VIENS, GARFIELD... JE VAIS T'EN DONNER UN MORCEAU.

TU L'AS TOUCHÉ... JE ME SERS MOI-MÊME.

CE N'EST PAS UN MORCEAU, C'EST UN GROS BOUT !

C'EST VRAIMENT LE MOMENT DE FAIRE DE LA SÉMANTIQUE ?

CLIC

GARFIELD ! QU'EST-CE QUE T'AS ENCORE FAIT ?

QU'EST-CE QUI TE FAIT PENSER QUE J'AI FAIT QUELQUE CHOSE ?

PTA

CHIEN MÉCHANT

PAUSE BÊTISE.

OUAH ! OUAH !

21

SOUPIR

SI TU T'ENNUIES, GARFIELD, FAUDRAIT TE TROUVER UN PASSE-TEMPS.

MON PASSE-TEMPS, C'EST DE M'ENNUYER.

23

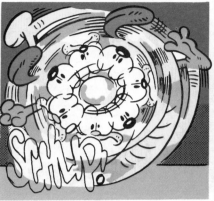

JE VÉRIFIE SON POULS

J'AI HORREUR DE ÇA.

PARFOIS J'AIMERAIS POUVOIR DORMIR TOUTE LA JOURNÉE COMME TOI, GARFIELD.

SANS LE MOINDRE SOUCI.

DES SOUCIS, J'EN AI PLEIN !

NE PAS POUVOIR DORMIR, PAR EXEMPLE !

C'EST LE DOUBLE DE MON POIDS HABITUEL...

ÇA RISQUE D'ÊTRE INTÉRESSANT, NON ?

SI !

HUP! UNNNNNGG

ÇA VA ÊTRE MA PREMIÈRE PROMENADE EN AMBULANCE !

GLOUP
GARFIELD

MES COMPLIMENTS À L'OUVRE-BOÎTE.

GARFIELD

28

31

QU'EST-CE QUE TU PRÉFÈRES, GARFIELD... ALLER À LA FERME OÙ FAIRE DU CAMPING ?

EST-CE QUE L'AMPUTATION D'UN MEMBRE SERAIT UN TROISIÈME CHOIX POSSIBLE ?

QU'EST-CE QU'IL FAIT FROID ! J'AI HÂTE DE TESTER MES NOUVELLES CHAUSSETTES ÉLECTRIQUES !

OÙ SONT-ELLES PASSÉES ?

RIEN NE VAUT UNE BONNE CHAUSSETTE DE CAFÉ CHAUD LE MATIN, HEIN, ODIE ?

SHLUP

COMMENT TU TROUVES MA NOUVELLE TENTE, GARFIELD ? ELLE ÉTAIT EN SOLDE.

GOOSH !

UNE BONNE AFFAIRE.

CETTE PLUIE NE VA JAMAIS S'ARRÊTER. ON RENTRE À LA MAISON.

ÇA Y EST... ON Y VA !

VLAN

IL Y A UN JOUET DANS CHAQUE PAQUET DE CETTE CÉRÉALE.

DU LAIT ?

TU ES UN BON À RIEN, GARFIELD.

TU NE FERAS JAMAIS RIEN SI TU RESTES ALLONGÉ SUR LE DOS.

DIS DONC... MICHEL ANGE A PEINT LA CHAPELLE SIXTINE DANS CETTE POSITION, BONHOMME !

QUOI ? TU VEUX QUE JE TE LISE UNE HISTOIRE POUR T'ENDORMIR ?

BON, D'ACCORD.

ÉMINCER UN PETIT OIGNON, FAIRE FONDRE DANS DU BEURRE PUIS AJOUTER LES CHAMPIGNONS...

41

GARFIELD, NE TOUCHE PAS À MON BEIGNET !

T'AS DIT "NON" DE LA BOUCHE, MAIS "OUI" DES YEUX ...

43

44

TU VIENS, GARFIELD ? ON VA À LA FERME AUJOURD'HUI !

PARFAIT.

JE VAIS M'HABILLER DE FAÇON APPROPRIÉE.

SI J'AVAIS UN CERVEAU.

ARRÊTE ÇA !

© 1990 United Feature Syndicate, Inc.

TU NE T'ENNUIES PAS À LA FERME, DOC ?

JAMAIS.

© 1990 United Feature Syndicate, Inc.

MAINTENANT, TAIS-TOI... ON VA RATER LE SPECTACLE !

VOILÀ LA CHAUSSETTE ROUGE QUI PASSE À NOUVEAU !

REGARDE LE VIEUX M. YARBER, GARFIELD

IL NE S'EST JAMAIS VRAIMENT FAIT AUX MÉTHODES MODERNES.

© 1990 United Feature Syndicate, Inc.

JIM DAVIS 7-19

MAIS... IL FOUETTE SON TRACTEUR !

HUE ! HUE !

VIENS T'ASSEOIR SUR LES GENOUX DE TA M'MAN, JON.

MAIS NON, M'MAN... J'SUIS TROP GRAND

TAP TAP TAP

BALIVERNES ! T'ES TOUJOURS MON PETIT GARÇON. ALLEZ, VIENS...

D'ACCORD.

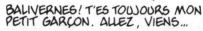

TAP TAP

© 1990 United Feature Syndicate, Inc.

J'SUIS PAS TROP LOURD POUR TOI, M'MAN ? M'MAN ?!!!

JIM DAVIS 7-20

ÇA, C'EST UN BEAU COUCHER DE SOLEIL... QU'EN PENSES-TU, GARFIELD ?

BOF

IL N'Y A RIEN SUR L'AUTRE CHAÎNE ?

C'EST BON DE SORTIR EN FAMILLE.

ON S'AMUSE BIEN, ET ON SE SENT PROCHES LES UNS DES AUTRES.

ON Y VA, LES GARS ?

JE VOUDRAIS QU'ON ME RENIE

PAS DE COURRIER AUJOURD'HUI ?

OH QUE SI !

À VRAI DIRE, ON A CELUI DE TOUT LE MONDE !

44

AINSI SE TERMINE UNE AUTRE JOURNÉE.

UNE JOURNÉE PENDANT LAQUELLE JE N'AI ABSOLUMENT RIEN FAIT.

ENCORE UNE JOURNÉE RÉUSSIE.

GARFIELD!

CES MAU-
DITES GRIF-
FES !

ME VOILÀ, TRANQUILLE,
DEVANT LA TÉLÉVISION...

PENDANT QUE LES AUTRES TRI-
MENT, SE TUENT AU TRAVAIL
POUR QUE LE MONDE TOURNE...

JE M'ENNUIE
PLUS QUE TOI !

IMPOS-
SIBLE !

DRRRING!

TIC
TAC
TIC
TAC
TIC

45

YAAAHHHH!

TIC
TAC
TIC
TAC
TIC

À
TOMBOUCTOU

11-13

46